Um livro de perguntas e respostas completo, projetado especificamente para iniciantes, que irá ensinar tudo o que você precisa saber sobre o Bitcoin.

BITCOIN

PARA INICIANTES

Desvende o universo do Bitcoin: um guia
acessível que desmistifica a
criptografia, revela a origem e
funcionalidade do Bitcoin, ensina como
comprá-lo e garantir sua segurança,
enquanto oferece uma visão promissora
para seu futuro, capacitando você a
tomar decisões de investimento
informadas.

BITCOIN

PARA INICIANTES

# INTRODUÇÃO

Neste livro, abordaremos o que é o Bitcoin, como ele foi criado e como funciona a sua rede. Além disso, discutiremos os prós e contras de investir em Bitcoin, as opções de armazenamento e as medidas de segurança que devem ser tomadas. Também falaremos sobre a regulamentação e as leis relacionadas ao Bitcoin em diferentes países, bem como as perspectivas futuras da criptomoeda. Esperamos que este livro lhe forneça todas as informações necessárias para entender o Bitcoin e tomar decisões informadas sobre o seu uso. Boa leitura!

A.S TRADE

BITCOIN

PARA INICIANTES

"Dedico este livro a todos aqueles que buscam compreender o potencial revolucionário do Bitcoin e da criptografia. Que estas páginas sirvam como um guia descomplicado, iluminando seu caminho no mundo das moedas digitais. Que cada leitor encontre neste livro as ferramentas e conhecimentos necessários para tomar decisões informadas e alcançar sua própria liberdade financeira. Agradeço a todos que me inspiraram a escrever esta obra e aos entusiastas do Bitcoin, cuja paixão e visão moldaram o futuro do sistema monetário global. Que este livro seja um ponto de partida para sua jornada emocionante no universo do Bitcoin."

A.S TRADE

A.S TRADE

Pesquisa de Atitude

O QUE É CRIPTOGRAFIA?

O QUE É BLOCKCHAIN?

COMO FOI CRIADO O BITCOIN?

O QUE É O BITCOIN?

COMO É EMITIDO UM BITCOIN?

COMO FUNCIONA A MINERAÇÃO DO BITCOIN?

O QUE PODE FALAR SOBRE O HALVING DO BITCOIN?

QUANTOS BITCOINS IRÃO EXISTIR?

O QUE VAI ACONTECER QUANDO TODOS OS BITCOINS FOREM EMITIDOS?

COMO FUNCIONA A SEGURANÇA DA REDE DO BICTOIN?

COMO COMPRAR BITCOIN?

COMO ARMAZENAR BITCOIN?

QUAIS AS VANTAGENS DO BITCOIN?

O QUE ESPERAR DO BITCOIN?

01

Antes do Bitcoin

02

Bitcoin

ÍNDICE

A.S TRADE

ANTES DO BITCOIN
O QUE É CRIPTOGRAFIA?

ANTES DO BITCOIN
O QUE É CRIPTOGRAFIA?

A criptografia é um conjunto de técnicas e protocolos usados para proteger informações e comunicações confidenciais. Ela é usada para codificar mensagens de forma que elas possam ser lidas apenas por pessoas autorizadas a recebê-las. A criptografia é usada em uma variedade de aplicações, incluindo segurança da informação, comunicações militares e bancárias e outras aplicações onde a segurança é importante.

Existem dois tipos principais de criptografia: a criptografia simétrica e a criptografia assimétrica. A criptografia simétrica é usada quando as mesmas chaves são usadas para criptografar e descriptografar uma mensagem. A criptografia assimétrica, por outro lado, usa duas chaves diferentes: uma chave pública e uma chave privada. A chave pública é usada para criptografar a mensagem e a chave privada é usada para descriptografá-la. A criptografia assimétrica é geralmente considerada mais segura do que a criptografia simétrica.

A criptografia é um campo complexo e em constante evolução, mas no geral, ela é usada para garantir a segurança e privacidade das informações e comunicações, impedindo que pessoas não autorizadas acessem essas informações.

A.S TRADE

ANTES DO BITCOIN
CRIPTOGRAFIA DO BITCOIN

ANTES DO BITCOIN
CRIPTOGRAFIA DO BITCOIN

A rede do bitcoin usa criptografia assimétrica para proteger as transações e garantir a segurança da rede. A criptografia assimétrica é usada porque ela permite que as transações sejam verificadas e validadas por qualquer pessoa na rede, mas ainda mantém a privacidade das pessoas envolvidas na transação.

Na rede do bitcoin, cada usuário tem uma chave pública e uma chave privada. A chave pública é usada para criptografar as transações e é compartilhada públicamente na rede. A chave privada, por outro lado, é mantida em segredo pelo usuário e é usada para assinar digitalmente as transações. Isso permite que outras pessoas na rede verifiquem a autenticidade da transação, mas não possam acessar as informações pessoais ou confidenciais das pessoas envolvidas na transação.

A criptografia assimétrica é um elemento-chave da segurança da rede do bitcoin e é usada para proteger as transações de fraudes e garantir a privacidade dos usuários. Além disso, a criptografia assimétrica também é usada para proteger os usuários da rede do bitcoin de ataques cibernéticos, pois dificulta a possibilidade da rede ser hackeada ou fraudada de alguma forma.

ANTES DO BITCOIN
BLOCKCHAIN

A.S TRADE

ANTES DO BITCOIN
BLOCKCHAIN

A blockchain é uma tecnologia de registro distribuído que permite armazenar e gerenciar grandes quantidades de dados de forma segura, transparente e confiável. A blockchain é baseada em uma rede de computadores interconectados que trabalham juntos para armazenar e gerenciar os dados, que são adicionados a uma "cadeia" de outras informações já armazenadas, formando o que é conhecido como um "bloco". Esses blocos são então ligados aos blocos anteriores, formando uma cadeia de blocos (daí o nome "blockchain").

A blockchain é usada em muitas aplicações, incluindo criptomoedas como o bitcoin, supply chain management, votação eletrônica e gestão de direitos autorais. A blockchain do bitcoin é uma das muitas blockchains existentes e é usada para armazenar e gerenciar as transações realizadas na rede do bitcoin de forma segura, transparente e confiável. A blockchain do bitcoin usa um algoritmo de consenso chamado "Prova de Trabalho" para verificar e validar as transações, mas outras blockchains podem usar diferentes algoritmos de consenso.

A blockchain é projetada para ser segura e imutável, o que significa que as informações armazenadas nela não podem ser alteradas ou apagadas.

A.S TRADE

ANTES DO BITCOIN
BLOCKCHAIN

Isso é conseguido através da criptografia e da verificação das transações por todos os computadores da rede. Além disso, a tecnologia de blockchain é descentralizada, o que significa que não há um único ponto de falha ou controle. As vantagens da tecnologia de blockchain são muitas e variam dependendo da aplicação em questão. Algumas vantagens comuns incluem:

- Segurança: A criptografia e a verificação das transações por todos os computadores da rede tornam a blockchain muito segura e difícil de ser hackeada.

- Transparência: A blockchain é transparente, o que significa que todas as transações são visíveis para todos os participantes da rede. Isso permite a verificação e a validação das transações de forma muito eficiente.

- Descentralização: A blockchain é descentralizada, o que significa que não há um único ponto de falha ou controle. Isso torna a tecnologia mais resistente a problemas e falhas, e permite a participação de muitos participantes em igualdade de condições.

ANTES DO BITCOIN
BLOCKCHAIN

- Imutabilidade: Uma vez que uma transação é adicionada à blockchain, ela não pode ser alterada ou apagada. Isso torna a blockchain uma plataforma confiável para armazenar e gerenciar informações de forma segura.
- Eficiência: A tecnologia de blockchain pode tornar muitos processos mais rápidos e eficientes, eliminando a necessidade de intermediários ou de verificações manuais.

Essas são apenas algumas das vantagens da tecnologia de blockchain. No geral, a blockchain é uma ferramenta versátil e poderosa que pode ser usada de muitas maneiras diferentes, e é amplamente considerada como uma tecnologia revolucionária que pode ter um impacto significativo em muitas indústrias e setores.

A.S TRADE

BITCOIN
COMO FOI CRIADO?

BITCOIN
COMO FOI CRIADO?

O Bitcoin foi criado por um indivíduo ou grupo de pessoas conhecidas como Satoshi Nakamoto. A identidade de Satoshi Nakamoto ainda é um mistério e não se sabe se é um indivíduo ou um grupo de pessoas. O nome "Satoshi Nakamoto" é provavelmente um pseudônimo usado pelo verdadeiro criador ou criadores do Bitcoin.

O Bitcoin foi criado como uma forma de resolver os problemas de confiança e intermediários que existiam nas transações financeiras tradicionais. Em uma transação tradicional, as duas partes envolvidas precisam confiar em um terceiro, como um banco, para garantir que a transação seja realizada de maneira justa e segura. O Bitcoin foi criado como uma forma de realizar transações diretamente entre duas partes, sem a necessidade de um intermediário confiável.

O Bitcoin foi criado usando a tecnologia blockchain, que é um registro compartilhado e seguro de transações. Cada transação de Bitcoin é registrada em uma "bloco" e esses blocos são adicionados a uma "cadeia" de blocos anteriores, formando assim a "blockchain" do Bitcoin. Isso permite que as transações de Bitcoin sejam verificadas e validadas de maneira segura e confiável, sem a necessidade de um intermediário confiável. É por isso que o Bitcoin é conhecido como uma criptomoeda descentralizada.

A.S TRADE

BITCOIN
O QUE É ?

11

BITCOIN
O QUE É ?

O Bitcoin é uma criptomoeda descentralizada que foi criada em 2009. É uma moeda digital que não é controlada por governos ou instituições financeiras. A quantidade total de bitcoin que será produzida é limitada a 21 milhões de unidades. Isso significa que, uma vez que essa quantidade total de bitcoin é produzida, não haverá mais novos bitcoin criados. Isso é diferente de moedas tradicionais, que são produzidas em quantidades ilimitadas pelos governos. Alguns argumentam que essa limitação na oferta de bitcoin é o que a torna valiosa. Como há uma quantidade finita de bitcoin disponível, Se a demanda por ela aumentar seu valor tende a aumentar também. Além disso, o bitcoin é descentralizado, o que significa que ele não está vinculado a uma economia ou a um governo em particular. Isso o torna atraente para aqueles que buscam uma forma de economizar ou investir que não está sujeita às flutuações das economias nacionais ou à influência política. Em resumo, os 21 milhões de bitcoin são uma parte importante do sistema de criptomoedas e têm um papel fundamental na determinação do valor e da popularidade do bitcoin.

A.S TRADE

BITCOIN
COMO É EMITIDO?

BITCOIN
COMO É EMITIDO?

O Bitcoin é emitdo através de mineração, a mineração de Bitcoin é o processo pelo qual novos blocos são adicionados à blockchain do Bitcoin. Quando um novo bloco é adicionado à blockchain, os mineradores de Bitcoin são recompensados com uma quantidade de bitcoin.

Para entender como a mineração de bitcoin funciona, é preciso primeiro entender como a blockchain funciona. A blockchain é um registro compartilhado e seguro de transações de bitcoin. Cada transação de bitcoin é registrada em um "bloco" e esses blocos são adicionados a uma "cadeia" de blocos anteriores, formando assim a "blockchain" do Bitcoin. Isso permite que as transações de bitcoin sejam verificadas e validadas de maneira segura e confiável, sem a necessidade de um intermediário confiável.

Os mineradores de bitcoin são responsáveis por adicionar novos blocos à blockchain. Eles fazem isso usando computadores potentes para resolver problemas matemáticos complexos. Quando um problema é resolvido, um novo bloco é adicionado à blockchain e o minerador é recompensado com uma quantidade de bitcoin. Esse processo é conhecido como "prova de trabalho".

A.S TRADE

BITCOIN
MINERAÇÃO

BITCOIN
MINERAÇÃO

Aqui está um resumo do processo de mineração de bitcoin:

1. Os usuários realizam transações com bitcoin e essas transações são reunidas em um grupo chamado "fila de transações".
2. Os mineradores selecionam as transações da fila de transações e as colocam em um novo bloco.
3. O minerador adiciona um resumo criptográfico das transações incluídas no bloco, chamado "prova de trabalho".
4. O minerador envia o novo bloco para a rede para validação.
5. A rede valida o novo bloco, verificando se as transações são válidas e se a prova de trabalho é válida.
6. Se o novo bloco for validado, ele é adicionado à blockchain e os mineradores são recompensados com uma quantidade de bitcoin.
7. O processo começa de novo, com os mineradores validando novas transações e adicionando novos blocos à blockchain.

Em resumo, a mineração de bitcoin é o processo pelo qual novos blocos são adicionados à blockchain do bitcoin e novos bitcoin são criados. Os mineradores validam as transações e adicionam novos blocos à blockchain, sendo recompensados com uma quantidade de bitcoin pelo seu trabalho.

BITCOIN
RECOMPENSA MINERAÇÃO

BITCOIN
RECOMPENSA MINERAÇÃO

A recompensa de mineração é uma das principais maneiras pelas quais novos bitcoin são emitidos. No entanto, a recompensa de mineração diminui a cada 4 anos, o que significa que menos bitcoin são emitidos a cada vez que um novo bloco é adicionado à blockchain. Além disso, a dificuldade do problema matemático aumenta à medida que mais mineradores entram na rede, o que significa que os mineradores precisam de computadores cada vez mais potentes para competir e continuar a ganhar bitcoin.

Em resumo, a mineração de bitcoin é o processo pelo qual novos blocos são adicionados à blockchain do Bitcoin. Os mineradores de bitcoin usam computadores potentes para resolver problemas matemáticos complexos e são recompensados com bitcoin quando um novo bloco é adicionado à blockchain. A recompensa de mineração é uma das principais maneiras pelas quais novos bitcoin são emitidos, mas a recompensa diminui a cada 4 anos e a dificuldade do problema matemático aumenta à medida que mais mineradores entram na rede.

BITCOIN
HALVING A CADA 4 ANOS

A.S TRADE

BITCOIN
HALVING A CADA 4 ANOS

A recompensa de mineração diminui a cada 4 anos para controlar a oferta de bitcoin. Quando o Bitcoin foi criado, a recompensa de mineração era de 50 bitcoin por bloco minerado. Essa recompensa foi reduzida pela metade a cada 210.000 blocos minerados, o que acontece aproximadamente a cada 4 anos.

A ideia por trás dessa redução é controlar a oferta de bitcoin e garantir que ela não cresça de maneira descontrolada. Como a quantidade total de bitcoin é limitada a 21 milhões de unidades, é importante garantir que a oferta de bitcoin não ultrapasse essa quantidade. A redução da recompensa de mineração a cada 4 anos é uma maneira de fazer isso, pois significa que menos bitcoin são emitidos a cada vez que um novo bloco é adicionado à blockchain.

Além disso, a redução da recompensa de mineração a cada 4 anos também incentiva os mineradores a continuar a minerar mesmo quando a recompensa diminui. Isso é porque a dificuldade do problema matemático que os mineradores precisam resolver aumenta à medida que mais mineradores entram na rede. Como resultado, os mineradores precisam de computadores cada vez mais potentes para competir e continuar a ganhar bitcoin. Isso garante que a rede do Bitcoin continue a ser segura e saudável, mesmo quando a recompensa de mineração diminui.

BITCOIN
EMISSÃO TOTAL

BITCOIN
EMISSÃO TOTAL

Quando todos os 21 milhões de bitcoin forem emitidos, não haverá mais novos bitcoin criados. No entanto, isso não significa que o Bitcoin vai desaparecer ou deixar de ser usado. A rede do Bitcoin continuará a funcionar e as pessoas ainda poderão usar bitcoin para realizar transações e investir.

O Bitcoin é descentralizado, o que significa que ele não depende de uma autoridade central para funcionar. A rede do Bitcoin é mantida por uma rede de usuários que mantêm os registros das transações e validam novas transações. Esses usuários são recompensados com a recompensa de mineração por adicionar novos blocos à blockchain.

Quando todos os 21 milhões de bitcoin forem emitidos, a recompensa de mineração será zero. No entanto, os mineradores ainda poderão ser recompensados com taxas de transação pelo trabalho de validar novas transações. As taxas de transação são pagas pelos usuários que querem que suas transações sejam incluídas em um bloco mais rapidamente. Isso significa que, apesar da recompensa de mineração ser zero, ainda haverá uma fonte de renda para os mineradores que mantenham a rede do Bitcoin.

A.S TRADE

BITCOIN
E DEPOIS?

BITCOIN
E DEPOIS?

Quando todos os 21 milhões de bitcoin forem emitidos, não haverá mais novos bitcoin criados, mas a rede do Bitcoin continuará a funcionar e as pessoas ainda poderão usar bitcoin para realizar transações e investir. A rede será mantida por mineradores que serão recompensados com taxas de transação pelo trabalho de validar novas transações.

Depois que todos os bitcoins forem emitidos, será importante garantir que a rede do Bitcoin continue a ser saudável e segura. Isso pode ser feito incentivando os mineradores de diversas maneiras.

Uma opção é oferecer taxas de transação para os mineradores que validam novas transações e adicionam novos blocos à blockchain. As taxas de transação são pagas pelos usuários que querem que suas transações sejam incluídas em um bloco mais rapidamente e fornecem um incentivo econômico para os mineradores.

Outra maneira de incentivar os mineradores é permitir que eles invistam em equipamentos cada vez mais avançados e eficientes. Isso permitirá que eles aumentem sua capacidade de processamento e validem mais transações, o que também será recompensado através de taxas de transação.

BITCOIN
E DEPOIS?

Por fim, a participação ativa da comunidade de desenvolvedores e usuários do Bitcoin será crucial para garantir a saúde da rede. Isso inclui a atualização e melhoria contínuas do software do Bitcoin para assegurar que a rede continue segura e eficiente.

Em resumo, para manter a rede do Bitcoin saudável depois que todos os bitcoins forem emitidos, será importante incentivar os mineradores com taxas de transação e investimento em equipamentos mais avançados, além de continuar a atualizar e melhorar o software do Bitcoin.

A.S TRADE

BITCOIN
SEGURANÇA DA REDE

A.S TRADE

26

BITCOIN
SEGURANÇA DA REDE

A rede do bitcoin tem várias medidas de segurança em place para protegê-la de ataques e garantir a integridade da blockchain. Aqui estão alguns exemplos de medidas de segurança da rede do bitcoin:

- Prova de trabalho: A prova de trabalho é um mecanismo de segurança que requer que os mineradores realizem um cálculo complexo antes de adicionar um novo bloco à blockchain. Isso torna muito difícil para os hackers alterarem a blockchain, pois eles precisariam realizar esse cálculo complexo para cada bloco alterado.

- Consenso descentralizado: A rede do bitcoin é mantida por uma rede descentralizada de mineradores, o que significa que não há um único ponto de falha que os hackers possam explorar. Isso torna a rede muito resistente a ataques.

- Criptografia: A criptografia é usada para proteger as transações e as carteiras do bitcoin. Isso significa que os hackers precisariam quebrar a criptografia para acessar as transações ou as carteiras, o que é muito difícil de fazer.

- Atualizações de software: A equipe de desenvolvimento do bitcoin trabalha constantemente para corrigir vulnerabilidades e melhorar a segurança da rede.

BITCOIN
SEGURANÇA DA REDE

Isso significa que a rede do bitcoin fica cada vez mais segura à medida que novas atualizações são lançadas.

BITCOIN
EQUIPE

A equipe de desenvolvimento do bitcoin continua ativa e trabalhando constantemente para melhorar a rede do bitcoin. O bitcoin é um projeto de código aberto, o que significa que qualquer pessoa pode contribuir para o desenvolvimento do software. A equipe de desenvolvimento do bitcoin é formada por voluntários de todo o mundo que trabalham em conjunto para melhorar o software e corrigir vulnerabilidades.

Além disso, o bitcoin é mantido por uma comunidade de usuários e desenvolvedores ativos que participam ativamente do projeto, reportando problemas e propondo soluções. Isso significa que a rede do bitcoin é constantemente melhorada e atualizada para garantir sua segurança e eficiência.

A.S TRADE

30

BITCOIN
ATUALIZAÇÕES

BITCOIN
ATUALIZAÇÕES

As atualizações da rede do bitcoin são realizadas por meio de "forks de rede" ou "hard forks". Um fork de rede ocorre quando há uma mudança significativa no software do bitcoin que não é compatível com as versões anteriores do software. Isso significa que todos os usuários da rede precisam atualizar seu software para a nova versão para continuar a participar da rede.

Existem dois tipos de forks de rede: "soft forks" e "hard forks".

Um soft fork é uma mudança no software do bitcoin que é compatível com versões anteriores do software. Isso significa que os usuários que não atualizarem o software para a nova versão ainda poderão participar da rede, embora possam perder algumas das novas funcionalidades.

Um hard fork, por outro lado, é uma mudança no software do bitcoin que não é compatível com versões anteriores do software. Isso significa que todos os usuários da rede precisam atualizar o software para a nova versão para continuar a participar da rede. Se um usuário não atualizar o software, eles ficarão para trás na rede "antiga" e não poderão mais participar da rede "nova".

As atualizações da rede do bitcoin são realizadas por meio de forks de rede para garantir a integridade e a segurança da rede.

A.S TRADE

BITCOIN
ATUALIZAÇÕES

Além disso, as atualizações são planejadas com antecedência e são amplamente discutidas pela comunidade de usuários e desenvolvedores do bitcoin para garantir que todos estejam cientes das mudanças e possam preparar-se adequadamente.

Em resumo, as atualizações da rede do bitcoin são realizadas por meio de forks de rede, que são mudanças significativas no software do bitcoin que exigem que todos os usuários atualizem o software para continuar a participar da rede.

A rede do bitcoin é um sistema de pagamento descentralizado que permite a transferência de valor diretamente entre as pessoas, sem a necessidade de intermediários como bancos. A rede do bitcoin é baseada em tecnologia blockchain, que é um registro compartilhado de todas as transações realizadas com bitcoin.

Aqui está um resumo do funcionamento da rede do bitcoin:

- Os usuários começam a usar o bitcoin enviando e recebendo transações com bitcoin.
- Essas transações são reunidas em um grupo chamado "fila de transações".
- Os mineradores selecionam as transações da fila de transações e as colocam em um novo bloco.
- O minerador adiciona um resumo criptográfico das transações incluídas no bloco, chamado "prova de trabalho".

A.S TRADE

BITCOIN
ATUALIZAÇÕES

- O minerador envia o novo bloco para a rede para validação.
- A rede valida o novo bloco, verificando se as transações são válidas e se a prova de trabalho é válida.
- Se o novo bloco for validado, ele é adicionado à blockchain e os mineradores são recompensados com uma quantidade de bitcoin.
- O processo começa de novo, com os mineradores validando novas transações e adicionando novos blocos à blockchain.

Em resumo, a rede do bitcoin é um sistema de pagamento descentralizado que permite a transferência de valor diretamente entre as pessoas, sem a necessidade de intermediários.

BITCOIN
COMO COMPRAR

BITCOIN
COMO COMPRAR

Aqui estão algumas dicas para comprar bitcoin de forma segura:

- Use uma exchange confiável: Escolha uma exchange confiável e bem estabelecida para comprar bitcoin. Verifique se a exchange tem uma boa reputação e se é regulamentada pelas autoridades competentes.

- Habilite a autenticação de dois fatores: A autenticação de dois fatores (2FA) adiciona uma camada extra de segurança à sua conta, exigindo que você insira um código enviado por mensagem de texto ou gerado por um aplicativo de autenticação a cada vez que fizer login ou realizar uma transação.

- Use uma carteira segura: Depois de comprar bitcoin, transfira-o para uma carteira segura, como uma carteira de hardware ou uma carteira de papel. Isso ajudará a proteger seus bitcoin de ataques cibernéticos e de outras ameaças.

- Mantenha seus detalhes de login em segredo: Não compartilhe suas informações de login ou sua senha com ninguém. Lembre-se de usar senhas fortes e diferentes para sua conta de exchange e sua carteira.

- Use uma conexão segura: Quando estiver comprando ou vendendo bitcoin, verifique se você está usando uma conexão segura e criptografada.

A.S TRADE

36

BITCOIN
COMO COMPRAR

Evite fazer transações em redes públicas não seguras, como uma rede WiFi pública.

Em resumo, para comprar bitcoin de forma segura, é importante escolher uma exchange confiável, habilitar a autenticação de dois fatores, usar uma carteira segura, manter seus detalhes de login em segredo e usar uma conexão segura. Além disso, é importante ficar atento a quaisquer sinais de fraude e não fornecer suas informações pessoais ou financeiras a terceiros desconhecidos. Sempre verifique duas vezes antes de realizar uma transação e, se tiver dúvidas, procure aconselhamento de um profissional qualificado.

A.S TRADE

BITCOIN
COMO ARMAZENAR

BITCOIN
COMO ARMAZENAR

Existem várias maneiras de armazenar bitcoin, cada uma com suas próprias vantagens e desvantagens em termos de segurança. Algumas das opções de armazenamento mais seguras incluem:

- Carteiras de hardware: As carteiras de hardware são dispositivos físicos que armazenam suas chaves privadas de bitcoin offline. Isso os torna mais seguros do que as carteiras de software, pois os hackers não podem acessar suas chaves privadas pela internet. As carteiras de hardware populares incluem o Ledger Nano X e o Trezor.

- Carteiras de papel: As carteiras de papel são uma forma física de armazenar suas chaves privadas de bitcoin. Elas consistem em um pedaço de papel com suas chaves privadas escritas nele. É importante lembrar de mantê-las em um local seguro e protegido, como um cofre ou uma gaveta trancada.

- Carteiras frias: As carteiras frias são carteiras de hardware que foram configuradas para serem usadas offline. Elas são ainda mais seguras do que as carteiras de hardware normais, pois não estão conectadas à internet e, portanto, são menos propensas a ataques cibernéticos. Em resumo, as carteiras de hardware, as carteiras de papel e as carteiras frias são consideradas as opções de armazenamento mais seguras para bitcoin.

A.S TRADE

BITCOIN
É INVESTIMENTO?

BITCOIN
É INVESTIMENTO?

Nos últimos anos, o Bitcoin tem se estabelecido como uma classe de ativos atraente para investidores em todo o mundo. Neste capítulo, exploraremos as razões pelas quais o Bitcoin é considerado um investimento lucrativo.

- Potencial de valorização

Uma das características mais intrigantes do Bitcoin é o seu potencial de valorização. Desde o seu lançamento em 2009, o Bitcoin tem experimentado um crescimento significativo em seu preço. Esse histórico de valorização tem atraído investidores que buscam obter lucros substanciais. Embora seja importante ressaltar que o desempenho passado não garante resultados futuros, o crescimento impressionante do Bitcoin ao longo dos anos desperta o interesse de investidores em todo o mundo.

- Escassez e oferta limitada

A natureza escassa do Bitcoin é outro fator que impulsiona seu valor como investimento. A moeda digital foi projetada para ter um limite máximo de 21 milhões de unidades, o que significa que a oferta é finita. À medida que a demanda pelo Bitcoin continua a crescer, a escassez relativa pode resultar em uma valorização adicional. A ideia de possuir um ativo com uma oferta limitada tem atraído investidores que acreditam que a demanda continuará a superar a oferta no futuro.

A.S TRADE

BITCOIN
É INVESTIMENTO?

- Descentralização e independência

O Bitcoin é uma moeda descentralizada, o que significa que não é controlado por uma autoridade central, como um banco central ou governo. Essa descentralização atrai investidores que desejam evitar a interferência governamental e a manipulação do sistema financeiro tradicional. A independência do Bitcoin, em teoria, torna-o imune a influências políticas e econômicas, criando um ambiente mais confiável e transparente para os investidores.

- Crescente adoção e integração

Nos últimos anos, o Bitcoin tem testemunhado um aumento significativo na sua adoção em diversas indústrias e países ao redor do mundo. Cada vez mais empresas estão aceitando Bitcoin como forma de pagamento, e alguns governos estão começando a reconhecê-lo como uma forma legítima de moeda ou ativo financeiro. Essa crescente aceitação e integração do Bitcoin impulsionam a demanda, o que pode levar a um aumento do valor da criptomoeda.

- Diversificação do portfólio

Investir em Bitcoin também oferece a oportunidade de diversificar um portfólio de investimentos tradicionais. Ao incluir o Bitcoin em uma cesta de ativos que já contém ações, títulos e outros investimentos, os investidores podem reduzir o risco geral e buscar retornos potencialmente mais altos.

A.S TRADE

42

BITCOIN
É INVESTIMENTO?

A diversificação é uma estratégia importante para mitigar riscos e aproveitar oportunidades de crescimento em diferentes setores e classes de ativos.

Em resumo, o Bitcoin se estabeleceu como uma classe de ativos atraente devido ao seu potencial de valorização, sua escassez e oferta limitada, sua descentralização e independência em relação a autoridades governamentais, sua crescente adoção e integração em diversos setores, e a oportunidade de diversificar o portfólio de investimentos. Em última análise, o Bitcoin oferece uma rede de pagamento descentralizada que permite transferências de valor diretas entre as pessoas, eliminando a necessidade de intermediários.

BITCOIN
É UMA BOLHA?

BITCOIN
É UMA BOLHA?

Ao longo dos anos, o Bitcoin tem sido frequentemente associado a debates sobre bolhas financeiras. No entanto, neste capítulo, exploraremos as razões pelas quais o Bitcoin pode ser considerado uma alternativa viável e segura, em vez de uma bolha prestes a estourar.

- Crescimento sustentado ao longo do tempo

Diferentemente de bolhas financeiras tradicionais, o Bitcoin tem demonstrado um crescimento sustentado ao longo do tempo. Desde sua criação em 2009, a moeda digital passou por diversas fases de valorização e correção, mas a tendência geral tem sido de crescimento contínuo. Esse padrão de crescimento gradual, em vez de um rápido aumento seguido por um colapso, sugere uma maior estabilidade e resistência em comparação com bolhas financeiras.

- Adoção e integração crescentes

Uma das principais características que diferenciam uma bolha de um investimento sólido é a adoção e integração contínuas em diversos setores e países. O Bitcoin tem testemunhado um aumento significativo em sua adoção, com cada vez mais empresas aceitando-o como forma de pagamento. Além disso, governos e instituições financeiras começaram a reconhecer o Bitcoin como uma forma legítima de moeda ou ativo financeiro. Essa crescente aceitação e integração indicam uma base

BITCOIN
É UMA BOLHA?

mais sólida para o Bitcoin, em vez de uma mera especulação irracional.

- Infraestrutura e ecossistema em desenvolvimento

Outro fator que sugere a não-existência de uma bolha no Bitcoin é o desenvolvimento constante de infraestrutura e um ecossistema crescente em torno da criptomoeda. O mercado de criptoativos está se tornando cada vez mais sofisticado, com o surgimento de corretoras regulamentadas, serviços de custódia seguros e ferramentas de negociação avançadas. Esse desenvolvimento contínuo reflete um interesse sustentado e uma demanda real, ao invés de uma bolha que está prestes a estourar.

- Reconhecimento institucional e regulamentação

Nos últimos anos, tem havido um aumento significativo no reconhecimento institucional e na regulamentação do Bitcoin. Grandes empresas e instituições financeiras começaram a investir em Bitcoin e outras criptomoedas, o que indica confiança e uma visão de longo prazo. Além disso, governos ao redor do mundo estão trabalhando para estabelecer regulamentações adequadas para as criptomoedas, o que ajuda a garantir a integridade do mercado e reduzir riscos associados a bolhas financeiras.

- Utilidade e aplicação além da especulação

O Bitcoin tem mostrado utilidade e aplicação além da especulação pura.

BITCOIN
É UMA BOLHA?

Além de ser uma forma de investimento, o Bitcoin tem sido usado para transferências internacionais de dinheiro, como uma reserva de valor em países com instabilidade econômica e como uma opção para pagamentos online. Essa utilidade e adoção em casos reais contribuem para a sustentabilidade do Bitcoin como uma forma de ativo financeiro, em vez de uma bolha especulativa.

Em conclusão, embora haja debates em torno do Bitcoin e possíveis riscos associados, há várias razões para acreditar que não se trata de uma bolha prestes a estourar. Seu crescimento sustentado ao longo do tempo, adoção crescente, infraestrutura em desenvolvimento, reconhecimento institucional e utilidade além da especulação são fatores que sugerem uma base sólida e maior estabilidade para o Bitcoin. No entanto, é importante sempre acompanhar de perto o mercado, entender os riscos envolvidos e tomar decisões informadas ao investir em criptomoedas.

BITCOIN
REGULAÇÃO E LEIS

BITCOIN
REGULAÇÃO E LEIS

A regulação e as leis para o bitcoin variam amplamente de um país para outro. Alguns países têm leis claras e regulamentos estabelecidos para o bitcoin e outras criptomoedas, enquanto outros ainda estão trabalhando em como abordar essas novas tecnologias.

Em alguns países, o bitcoin é considerado uma moeda e é tratado como tal pela lei. Isso significa que as transações com bitcoin são tributáveis e os negócios que aceitam bitcoin como forma de pagamento são obrigados a reportar seus ganhos às autoridades fiscais.

Em outros países, o bitcoin é considerado uma commodity ou um ativo, o que significa que as transações com bitcoin podem ser tributáveis de maneira diferente. Alguns países também têm leis específicas para regulamentar a mineração de bitcoin e outras atividades relacionadas.

Em alguns países, o uso do bitcoin é proibido ou restrito. Por exemplo, alguns países têm proibido o uso de bitcoin completamente, enquanto outros permitem o uso, mas com restrições.

Em resumo, a regulação e as leis para o bitcoin variam amplamente de um país para outro e é importante ficar atento às leis e regulamentos do seu país de residência.

A.S TRADE

BITCOIN
REGULAÇÃO E LEIS

No Brasil, o bitcoin e outras criptomoedas são consideradas ativos pelo Banco Central do Brasil (BACEN). Isso significa que as transações com bitcoin podem ser tributáveis e os negócios que aceitam bitcoin como forma de pagamento podem ser obrigados a reportar seus ganhos às autoridades fiscais.

O BACEN também emitiu uma circular em 2017 que estabeleceu algumas regras para o uso de criptomoedas no Brasil. De acordo com a circular, as instituições financeiras não podem utilizar criptomoedas como meio de pagamento ou investimento, mas os indivíduos e empresas não financeiras podem usar criptomoedas desde que cumpram as leis tributárias e de lavagem de dinheiro aplicáveis.

Além disso, o BACEN também estabeleceu que as instituições financeiras não podem criar, emitir, distribuir, negociar ou intermediar operações com criptomoedas. No entanto, elas podem fornecer serviços de corretagem, custody e liquidation para criptomoedas desde que cumpram as regulamentações aplicáveis. Em resumo, no Brasil, o bitcoin e outras criptomoedas são consideradas ativos e estão sujeitas a leis tributárias e de lavagem de dinheiro.

A.S TRADE

BITCOIN
REGULAÇÃO E LEIS

As instituições financeiras não podem utilizar criptomoedas como meio de pagamento ou investimento, mas os indivíduos e empresas não financeiras podem usar criptomoedas desde que cumpram as leis aplicáveis. As instituições financeiras também podem fornecer serviços de corretagem, custody e liquidation para criptomoedas, desde que cumpram as regulamentações aplicáveis. É importante notar que as leis e regulamentações para o bitcoin e outras criptomoedas podem mudar com o tempo e é sempre importante ficar atento às atualizações e seguir as leis e regulamentações aplicáveis.

BITCOIN
SUAS VANTAGENS

BITCOIN
SUAS VANTAGENS

Existem algumas vantagens do bitcoin em relação ao dinheiro:

- Descentralização: o bitcoin é descentralizado, o que significa que ele não é controlado por nenhum governo, banco ou outra instituição central. Isso o torna independente de intervenção política ou econômica e pode oferecer mais liberdade aos usuários.

- Baixas taxas de transação: as taxas de transação para o bitcoin são geralmente muito baixas em comparação com as taxas cobradas pelos bancos e outras instituições financeiras. Isso pode torná-lo uma opção atraente para pessoas que realizam transações internacionais ou outras transações que envolvem altas taxas de transferência.

- Anonimato: o bitcoin permite que as pessoas realizem transações de forma anônima, o que pode ser atraente para aqueles que desejam manter suas finanças privadas. No entanto, é importante notar que o anonimato do bitcoin pode também ser usado para atividades ilegais.

- Facilidade de uso: o bitcoin pode ser facilmente enviado e recebido por meio de dispositivos móveis ou computadores, o que pode ser mais conveniente do que carregar dinheiro ou usar cartões de crédito.

A.S TRADE

BITCOIN
SUAS VANTAGENS

- Segurança: o bitcoin é baseado em criptografia e usa uma tecnologia chamada blockchain para registrar as transações. Isso torna as transações com bitcoin muito seguras e difíceis de serem fraudadas.

Em resumo, o bitcoin tem algumas vantagens em relação ao dinheiro, como baixas taxas de transação, anonimato, facilidade de uso e segurança. No entanto, é importante lembrar que o bitcoin também tem suas desvantagens e riscos e é importante ficar atento a esses fatores ao considerar se usar ou investir em bitcoin.

A.S TRADE

BITCOIN
NOVO OURO

BITCOIN
NOVO OURO

O bitcoin é frequentemente comparado ao ouro por várias razões. Em primeiro lugar, ambos são limitados em sua oferta. Enquanto há um número total de 21 milhões de bitcoin que serão emitidos, o ouro é um recurso finito e escasso que é extraído da terra. Isso pode torná-los atraentes para aqueles que veem o bitcoin e o ouro como ativos de valor.

Além disso, o bitcoin e o ouro têm o potencial de se valorizar ao longo do tempo. Alguns argumentam que o bitcoin tem um potencial de valorização ainda maior do que o ouro, enquanto outros acreditam que o ouro é mais seguro e estável. Independentemente do potencial de valorização, é importante lembrar que o valor do bitcoin e do ouro pode flutuar e não há garantia de que eles se valorizarão a longo prazo.

O bitcoin e o ouro também são vistos por alguns como proteção contra a inflação, pois seu valor pode aumentar quando a inflação sobe. No entanto, é importante lembrar que o valor do bitcoin e do ouro também pode flutuar e não há garantia de que eles protegerão contra a inflação a longo prazo.

Em resumo, o bitcoin e o ouro são comparados porque ambos são vistos como ativos de valor, proteção contra a inflação e reservas de valor. No entanto, é importante lembrar que o valor do bitcoin e do ouro pode flutuar e que há riscos envolvidos ao investir em qualquer um desses ativos.

BITCOIN
O QUE ESPERAR?

BITCOIN
O QUE ESPERAR?

O Bitcoin tem despertado grande interesse e debate desde sua criação, e muitos investidores e entusiastas se perguntam o que esperar dessa criptomoeda nos próximos anos. Neste capítulo, discutiremos algumas perspectivas e tendências que podem influenciar o futuro do Bitcoin.

- Maior adoção institucional Uma das tendências emergentes é a crescente adoção do Bitcoin por instituições financeiras e corporações. Grandes empresas estão começando a investir em Bitcoin e integrá-lo em suas operações financeiras. À medida que mais instituições reconhecem o valor do Bitcoin como um ativo digital, é provável que sua adoção institucional continue a aumentar, trazendo maior legitimidade e estabilidade para a criptomoeda.

- Avanços regulatórios A regulamentação do Bitcoin tem sido um tema em evolução, e espera-se que continue a se desenvolver nos próximos anos. À medida que governos e órgãos reguladores buscam proteger os investidores e combater atividades ilícitas, é provável que ocorram avanços na regulamentação das criptomoedas. Essa regulamentação pode trazer maior confiança e segurança ao mercado de Bitcoin, atraindo mais participantes.

- Integração com sistemas financeiros tradicionais A integração do Bitcoin com os

BITCOIN
O QUE ESPERAR?

sistemas financeiros tradicionais é uma tendência que está ganhando força. O desenvolvimento de soluções de pagamento e serviços financeiros baseados em Bitcoin está permitindo uma maior interoperabilidade entre o mundo das criptomoedas e o sistema financeiro convencional. Essa integração pode facilitar a utilização do Bitcoin no dia a dia, impulsionando sua adoção em larga escala.

- Evolução tecnológica A tecnologia por trás do Bitcoin, a blockchain, continua a evoluir e se aprimorar. Melhorias na escalabilidade, velocidade das transações e privacidade estão sendo desenvolvidas para tornar o Bitcoin mais eficiente e fácil de usar. Esses avanços tecnológicos podem abrir novas possibilidades para o Bitcoin, expandindo suas aplicações e funcionalidades.

- Volatilidade e incerteza Apesar das perspectivas promissoras, é importante mencionar que o Bitcoin continuará a enfrentar volatilidade e incerteza nos próximos anos. O mercado de criptomoedas é altamente dinâmico e pode ser influenciado por fatores externos, como eventos econômicos, regulatórios ou geopolíticos. Portanto, é essencial que os investidores estejam cientes dos riscos e tomem decisões informadas, considerando suas próprias metas e tolerância ao risco.

BITCOIN
O QUE ESPERAR?

No geral, o futuro do Bitcoin é promissor, com a possibilidade de maior adoção institucional, avanços regulatórios, integração com sistemas financeiros tradicionais e evolução tecnológica. No entanto, é importante acompanhar as tendências e acontecimentos do mercado, mantendo-se informado sobre as mudanças e desafios que possam surgir. O Bitcoin continua sendo uma área de interesse e pesquisa contínuos, oferecendo potencial para transformar o cenário financeiro global nos próximos anos.

index

Notas Finais

COMO MENCIONADO NO CAPÍTULO SOBRE A COMPRA SEGURA DE BITCOIN, É ESSENCIAL ESCOLHER UMA EXCHANGE CONFIÁVEL. PORTANTO, DISPONIBILIZO ABAIXO OS LINKS DAS CORRETORAS MAIS UTILIZADAS E CONFIÁVEIS NO MOMENTO EM QUE ESTE LIVRO É ESCRITO:

BINANCE
HTTPS://WWW.BINANCE.COM/EN/ACTIVITY/REFERRAL-ENTRY/CPA/INCREMENTAL?REF=CPA_OOK1HXPM05

BYBIT
HTTPS://WWW.BYBIT.COM/INVITE?REF=RKKGRO

LEDGER
HTTPS://SHOP.LEDGER.COM/PT?REFERRAL_CODE=302V32HN2024Z

AO UTILIZAR UMA EXCHANGE CONFIÁVEL, E USAR UMA HARDWALLET COMO A LEDGER VOCÊ ESTARÁ NO CAMINHO CERTO PARA COMPRAR BITCOIN DE FORMA SEGURA E PROTEGER SEUS INVESTIMENTOS NO MUNDO DAS CRIPTOMOEDAS.

Pesquisa de Atitude

AGORA RESPONDA AS MESMAS PERGUNTAS E VEJA O QUE
APRENDEU!

O QUE É CRIPTOGRAFIA?

O QUE É BLOCKCHAIN?

COMO FOI CRIADO O BITCOIN?

O QUE É O BITCOIN?

COMO É EMITIDO UM BITCOIN?

COMO FUNCIONA A MINERAÇÃO DO BITCOIN?

O QUE PODE FALAR SOBRE O HALVING DO BITCOIN?

QUANTOS BITCOINS IRÃO EXISTIR?

O QUE VAI ACONTECER QUANDO TODOS OS BITCOINS FOREM EMITIDOS?

COMO FUNCIONA A SEGURANÇA DA REDE DO BICTOIN?

COMO COMPRAR BITCOIN?

COMO ARMAZENAR BITCOIN?

QUAIS AS VANTAGENS DO BITCOIN?

O QUE ESPERAR DO BITCOIN?

www.ingramcontent.com/pod-product-compliance
Lightning Source LLC
Chambersburg PA
CBHW032032290526
45786CB00012B/2532